# Manual del

# PÉNDULO HEBREO

Metutelet ( מֵטֻטֶּלֶת )

Título
**Manual del péndulo hebreo**



Coordinación y producción editorial, Nestinar

NESTINAR, S.L.
España: c/ Constancia 42, local
08719 Castelloli - Barcelona
Tel. 34-934125868
*www.nestinar.es*

# INDICE

# INTRODUCCIÓN

## PRESENTACION

La radiestesia es nuestra capacidad de sentir la radiación, ya sea a través del cuerpo físico o mediante el uso del péndulo y de los demás instrumentos radiestésicos (varillas, biotensores, etc). El conocimiento de la radiestesia y del uso del péndulo viene de culturas antiguas como el antiguo egipto, diferentes dinastías chinas, la antigua persia y mesopotamia.

La técnica se basa en la interpretación de los movimientos de estos instrumentos y lo que le da vida es su práctica diaria, que nos lleva a descubrir su ilimitado potencial, llevándonos a una superación continua.

Los cambios que podemos observar en el planeta y en la humanidad muestran que una consciencia superior está emergiendo a pasos agigantados.

El creciente interés por la radiestesia y en particular por dos péndulos especiales, el péndulo universal y el péndulo hebreo, confirman que los seres humanos necesitan avanzar y reconocer su esencia. Todos los péndulos y demás instrumentos radiestésicos pueden diagnosticar, medir y equilibrar las energías. En cambio, el péndulo hebreo y el péndulo universal tienen más información debido a su forma y contenido, y a través de su conocimiento y uso aportan más consciencia a nuestras vidas.

El péndulo hebreo conecta su poderoso "alfabeto sagrado" y su correspondencia numérica con nosotros, llenándonos de una "luz" que sana y transforma.

Lo simple siempre es grande y este péndulo, de manera

sencilla, práctica y profunda, puede armonizar y cambiar nuestra vida.

Lo que necesitamos es tener conocimientos básicos de radiestesia para comenzar a practicar y de esta manera saber (no creer) que funciona, y ser testigos de cambios y mejoras.

Se aconseja trabajar en primer lugar con uno mismo como autotratamiento y a ser posible diariamente, para luego trabajar con los demás.

# EL ALFABETO HEBREO Y LA IMPORTANCIA DE LOS NUMEROS

El alfabeto hebreo, llamado también el lenguaje de luz, tiene el poder de un mantra cuando se pronuncia tres veces y se visualiza su símbolo escrito. Cuando se usa en el péndulo, la energía de la letra o la palabra escrita, abarca todo el espacio y tiene el poder de transormar lo que está a su alcance.

El hebreo es una lengua imperecedera y cada letra tiene su significado energético y numérico con una longuitud de onda específica. Esta es la razón de que su poder equilibrador actúe a todos los niveles donde la consciencia lo permite, trayendo grandes cambios, y sanando y llenando de bienestar la vida del que está en el proceso de búsqueda de su propia mejora, tanto en el plano físico como en los planos sutiles.

## Los números

Todos los números tienen su gran sentido espiritual y consecuentemente sanador. "La matemática es el alfabeto del que se sirve Dios para escribir el mundo" Galileo Galilei (1549-1642).

Los números decriben la vida. Cada número tiene su lenguaje e interpretación y su frecuencia específica, se encuentran en todas las expresiones de civilizaciones y culturas: Babilonia, India, Fenicia, Antigua China, Grecia, etc.

La vida se expresa a través de los números, por ejemplo los siete días de la semana, los cinco dedos de cada mano dan el número diez, etc. la naturaleza es la maestra del arte de los números y de la geometría.

Los números expresan cantidad y calidad, espacio y tiempo, son frecuencias vibratorias que nos muestran la energía yin y la energía yang.

Cada cultura tiene su propia interpretación de los números. Pitágoras (570-510 antes de Cristo), gran filósofo y matemático griego influyó sobre la comprensión de los números del 1 al 9 y demostró que los números son parte inseparable de la mística, las construcciónes, el orden cósmico y consecuentemente nuestra vida.

La escritura fenicia tiene 22 signos consonantes de derecha a izquierda y data 1000 años antes de Cristo.

El alfabeto hebreo viene con el griego del alfabeto fenicio de 22 letras. Colocar sobre una letra uno o dos puntos aumenta su valor. Esta expresión universal de los números mostados a través de las letras y geroglíficos nos dan un amplio lenguaje para crear y comprender el mundo en el que habitamos. En lengua hebrea todas las letras también tienen su valor numérico y en el arte de sanar con el péndulo hebreo, las letras forman expresiones de fuerza tanto espiritual como material.

# EL PÉNDULO

El péndulo hebrero tiene forma de cilindro de madera, una base es lisa y la otra tiene dos surcos paralelos. El péndulo suele ser del color natural de la madera con la que esté elaborado, normalmente haya, aunque se puede personalizar pintándolo preferiblemente de color plateado o dorado.

La cuerda pasa por el centro del péndulo atravesándolo de un extremo al otro, simbolizando la unión entre el cielo y la tierra, y permitiendo su movimiento pendular y su uso en ambos extremos.

El lado liso se usa para el diagnóstico y el lado de los dos surcos para irradiar la información contenida en las tarjetas a través de las ondas con vibraciones sanadora.

*Elementos del péndulo*

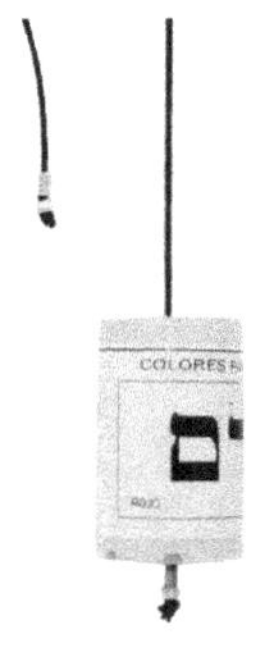

*El péndulo hebreo montado*

# DIAGNOSTICO

La etiqueta se elige intuitivamente con el péndulo. Para todos los que no usan todavía el péndulo, recordemos que para cualquier diagnóstico es imprescindible conocer el movimiento del "sí" y del "no". Gracias a un código mental se determina este movimiento. Por ejemplo, habitualmente los movimientos circulares hacia la derecha, dirección de las agujas del reloj, determinan el "sí" y los movimientos a la izquierda, contra el movimiento de las agujas del reloj, determinan el "no". Otra manera para determinar el código mental para el "sí" y el "no" es escribir SI en una hoja y NO en otra. Ponemos el péndulo suspendido en nuestros dedos sobre el SI y observamos su movimiento y luego sobre el NO, que será el movimiento contrario. Puede ser circular u oscilatorio. Otro modo de testar es con el "péndulo interior", que no es más que el observar el movimiento del cuerpo frente a cada tarjeta. Si se va hacia adelante (que significa "sí") y se inclina hacia atrás significa "no".

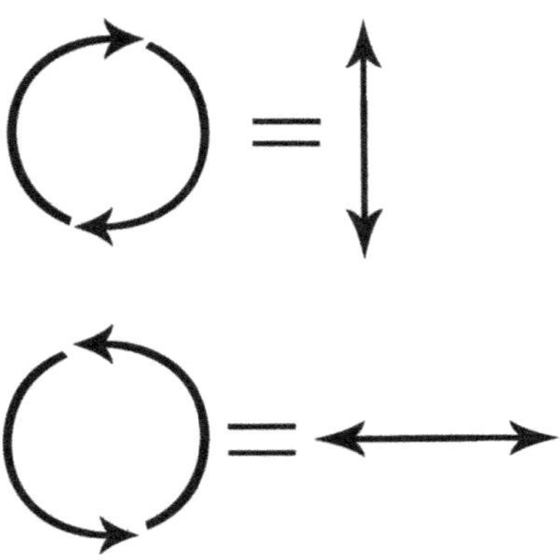

# LAS TARJETAS

Hay diferentes grupos de tarjetas que son el alma, la luz del péndulo hebrero. En primer lugar hay que familiarizarse con el contenido de los diferentes grupos de etiquetas para poder elegir el grupo o grupos con los que posteriormente trabajaremos. A lo largo de una sesión se pueden irradiar una o varias tarjetas. La letra o el grupo de letras que forman palabras, contienen su vibración específica y única que al entrar con el campo energético de la persona tienen un poder transformador que lleva a todos los cuerpos hacia la autosanación. Las tarjetas, con la información vibracional contenida, son el medio que impulsa a este péndulo a realizar los cambios necesarios para las personas en búsqueda de equilibrio, paz y salud en sus vidas.

# LA IMPORTANCIA DE LA INFORMACION

El péndulo hebreo y las tarjetas forman un conjunto de información basada en la lengua hebrea con poder de diagnosticar y equilibrar una gran gama de energías desde la más densa hasta la más elevada; física, etérica, emocional, mental y espiritual.

Todo el trabajo con el péndulo hebrero y todo el trabajo energético que se realiza depende del nivel de consciencia y necesidad de su uso.

Las letras hebreas son ideogramas que contienen toda clase de información gracias a su forma, significado y valor numérico.

Recordemos que nuestra vida y lo que somos es información que se desplaza continuamente de un lugar a otro. La certeza de que somos seres energo-informáticos permite comprender la gran importancia que tiene en nuestra vida la información. Gracias a la posibilidad de acceder cada vez más a una mayor información, nuestros horizontes se abren y nuestra vida cambia. La información también contiene creencias y debemos liberarla, y si no aprendemos más y no buscamos lo verdadero, quedaremos anclados en lo viejo y caduco. Lo importante es saber y no creer.

El principio de todo lo creado es la idea. La información da lugar a la comprensión, desarrollo y manifestación en todos los planos de la creación.

# LA INTUICION, EL PENDULO INTERIOR

En toda sanación, la parte incondicional es la intuición. Todos la tenemos y pocos confían en ella. Confiar en las propias sensaciones y practicar el arte de sentir son la base de la intuición consciente.

Un ejercicio que podemos practicar cuando tenemos un exceso de pensamientos, dudas y miedos, es poner la mano izquierda sobre el corazón y preguntarnos qué nos dice éste.

Tu cuerpo también puede utilizarse como péndulo. Establece el código para la respuesta SI y es el movimiento del cuerpo hacia adelante, y el NO cuando éste se mueve hacia atrás. Puedes hacer ejercicios con este movimiento del cuerpo con preguntas tipo "Me llamo ….. (nombre correcto)" y el cuerpo se mueve adelante, "Me llamo … (nombre incorrecto)" y el cuerpo se mueve atrás, etc.

Tanto si se trata de escoger la tarjeta adecuada para una terapia o ver qué alimento o tratamiento es más adecuado para una persona, el trabajo intuitivo con el péndulo o con el cuerpo lo facilita mucho.

La duda y el miedo son nuestros mayores enemigos. La comprensión de que con la equivocación se aprende más que con los aciertos nos ayuda a dejar atrás estas trabas. La ciencia ha evolucionado en gran medida gracias a las equivocaciones (ensayo y error).

En otras palabras, nuestra intuición quiere decir estar atento al mensaje de respuesta a la pregunta hecha desde el alma, del subconsciente y del corazon, que es el lenguaje de la mente universal.

# EL ALCANCE DEL TRABAJO CON EL PENDULO HEBREO

- Aportar una nueva codificación a nuestra alma.
- Tomar consciencia de nuestra vida y de la importancia del Espíritu en ella.
- Provocar cambios importantes que permiten darnos cuenta de esta encarnación.
- Liberar viejas creencias y limpiar recuerdos dolorosos.
- Transformar dudas e incertidumbres.
- Usar una gran herramienta de crecimiento personal en el proceso evolutivo de cada uno.
- Restablecer el equilibrio en todos los niveles.
- Diagnosticar el desequilibrio antes de que se presente en el cuerpo físico.
- Medir, corregir, armonizar y reparar las alteraciones físicas, emocionales y mentales del cuerpo.
- Devolver la buena circulación energética al cuerpo liberando los bloqueos y reparando los circuitos dañados.

# COMO SE TRABAJA CON EL PENDULO HEBREO

Antes de comenzar una terapia con el péndulo hebro hay que irradiar con la tarjeta *Abrir y Cerrar el proceso*. Una vez abrimos el cuerpo electromagético con la tarjeta *Abrir y Cerrar el proceso*, procedemos a escoger el grupo de tarjetas con las que se empezará a trabajar. Seguidamente elegimos la tarjeta específica del grupo seleccionado.

La tarjeta se ubica sobre el péndulo sujetándola con la pequeña goma (caucho) que habitualmente acompaña el juego de tarjetas. Se procede a irradiar, bien sobre los chacras, los órganos o bien directamente sobre los puntos afectados, dependiendo de donde "quiere" trabajar el péndulo.

Se puede trabajar sobre el plexo solar como entrada de energía al cuerpo físico. También sobre la palma de la mano izquierda (para los diestros) y la mano derecha (para los zurdos), donde se encuentran los receptores de todos los chacras.

Tanto si trabajamos en autotratamiento, o en un trabajo terapéutico para los demás, directamente o a distancia, es importante, en primer lugar, alinearnos con las energías del cielo y la tierra. Nos quedamos unos instantes en silencio y conectamos con el corazón entregándonos al Espíritu y a su poder presente que dirige la sanación.

También se puede trabajar de la misma manera a distancia con el nombre de la persona, sobre un atlas anatómico o con biómetros con los chacras, sistemas, órganos, meridianos, etc.

Para finalizar usamos la tarjeta *Abrir y Cerrar el proceso* y damos las gracias por el trabajo realizado.

# ETIQUETAS DEL PENDULO HEBREO 1º GRUPO

1. Abrir y cerrar el proceso
2. Limpiar el cuerpo y lugar que se habita
3. Fortalecer el aura
4. Diagnóstico (No irradiar)
5. Desgravar miasmas y tejidos enfermos
6. Irradiar en caso de magia ritual
7. Colores para irradiar
8. Equilibrar los chacras
9. Crecimiento personal

## 1. Abrir y cerrar el proceso

Abarca el campo electromagnético y se irradia antes y después de cada sesión.

## 2. Limpiar el cuerpo y lugar que se habita

Una vez se abre la sesión conviene pasar esta tarjeta para limpiar el espacio donde se habita y donde se trabaja así como también alrededor del cuerpo. Una vez se limpia, las irradiaciones de las etiquetas llegarán con su información más profundamente.

## 3. Fortalecer el aura

Esta tarjeta contiene la información del Dorado Aureo que tiene el poder de unir lo espiritual con lo físico. Refuerza tanto el aura como todos los chacras.

## 4. Diagnosticar (no irradiar)

**Miasma**

**Magia ritual**

## Mal de ojo

## Reencarnación

## Miasma psórico

## Miasma sicótico

## Miasma luético

Estas tarjetas contienen la información de toda nuestra existencia y muestran traumas y enfermedades cuyas secuelas todavía están guardadas en nuestra memoria celular.

Primero se diagnostica con estas tarjetas y después se procede a las irradiaciones con las tarjetas sanadoras y liberadoras.

## 5.  Desgravar miasmas y tejidos enfermos

- Borrar estrés
- Borrar adicción
- Borrar memoria celular enferma
- Memoria Química de la Salud Perfecta
- Patrón Metabólico Perfecto
- Patrón Genético Perfecto

### Borrar estres

### Borrar adicción

## Borrar memoria celular enferma

## Memoria química de salud perfecta

## Patrón metabólico perfecto

**Patrón genético perfecto**

Todas las células llevan impresas las memorias de todas las experiencias vividas. Es imprescindible, en primer lugar, borrar estas impresiones de estrés, adicciones o memorias celulares enfermas, para desgravar miasmas e informaciones incrustadas en los tejidos que han enfermado. Seguidamente irradiaremos los patrones de nuestro origen perfecto, sea patrón genético, metabólico o químico.

# 6. Irradiar en caso de magia ritual

**Disolver**

## Desacoplar

## Rojo

Cuando salen estas tarjetas, en primer lugar preguntamos con qué tarjeta comenzaremos a irradiar para liberar cualquier trabajo de Magia Ritual con el fin de disolver y desprender esta memoria que enferma, debilita y no permite progresar.

# 7. Colores para irradiar

- Rojo: Fuerza y vigor. Concretar y decidir.
- Naranja: Quiero, puedo, hago. Pensamiento, palabra y acción.
- Amarillo: Emociones, intelecto práctico. Lograr objetivos trazados.
- Verde: Une, sana, equilibra. Alegría y sentido de humor. Compasión.
- Azul: Comunicación verbal y escrita. Creatividad.
- Indigo: Serenidad. Mente clara y reflexión.
- Violeta: Intuición, conexión con el espíritu. Transmutación.
- Blanco: Contiene todos los colores y eleva el físico a niveles superiores.

**Rojo**

## Naranja

## Amarillo

## Verde

## Azul

## Indigo

## Violeta

**Blanco**

## 8. Equilibrar los siete chacras principales

El número SIETE se considera un número sagrado. Contiene la sabiduría de lo simbólico, de la numerología y de lo creado.

Estos son solamente algunos ejemplos vistos desde diferentes culturas y civilizaciones:

• Para los antiguos egipcios era símbolo de la vida eterna. Está representada por la geometría sagrada del tetraedro (Dios) y hexaedro (el hombre). El caduceo egipcio es una espiral de 7 vueltas como símbolo de la sanación.

• En todas las culturas del cercano y lejano oriente hay muestras del sagrado número 7. Los sumerios construyeron el templo con 7 puertas, 7 salidas y 7 animales dedicados a su diosa Nintu.

• Para el judaismo la tierra fué creada en 7 días. Tienen el candelabro de 7 brazos como expresión de la creación sagrada. "El séptimo cielo " también tienen su origen en las enseñanzas secretas del judaismo para ascender a Dios, hay que ascender 7 niveles.

- Para los musulmanes el número 7 es igual de importante y sagrado. Por ejemplo los 7 cielos y los 7 ángeles que los custodian. Y el séptimo cielo es Dios.

- En el catolicismo el septimo día es el día del "hijo de Dios", día de descanso. Siete sacramentos, siete peticiones en el padre nuestro, etc.

- También existen siete planos de la existencia con sus diferentes planos (no confundir con innumerables dimensiones). Y el 7° plano es el plano del TODO LO QUE ES.

## Energía Térmica perfecta

## Energía cinética perfecta

## Energía magnética perfecta

31

## Energía neutra perfecta

## Energía lumínica perfecta

## Energía estática perfecta

## Energía pulsante perfecta

### 1. Energía Térmica Perfecta
Sana rodillas. Traumas de los primeros años de vida. Falta de calor de hogar.

### 2. Energía Cinética Perfecta
Libera recuerdos con experiencias sexuales. Agresiones emocionales. Víctimas.

### 3. Energía Magnética Perfecta
Libera reclamos afectivos. Valores condicionados. Desconfianza.

### 4. Energía Neutra Perfecta
Libera el rechazo materno o incluso de ambos padres.

### 5.Energía Lumínica Perfecta
Libera la falta de aprobación creativa. Pobre autoimagen, desconfianza en el propio éxito.

### 6. Energía Estática Perfecta.
Fatiga mental. Inhibición. Peleas entre familiares. Cumplir los deseos de los demás.

### 7. Energía Pulsante Perfecta.
Memorias inconscientes de los progenitores. Discriminación.

Estas etiquetas devuelven la fuerza y el valor después de los traumas vividos. Aportan la memoria de nuestro origen divino y perfecto.

## 9. CRECIMIENTO PERSONAL

**Fuerza-Vigor**

**Paz**

## Energía

## Curar-sanar

## Luz

**Verdad**

- Fuerza - Vigor, alegría de vivir la experiencia humana.
- Paz - Presencia del espíritu en la tierra.
- Energía - La información y la actitud que gobiernan nuestra vida.
- Curar - Sanar, ordenar la vida, liberar las enfermedades.
- Luz - La claridad que confirma la dirección correcta.
- Verdad -  La fuerza espiritual que lleva a evolucionar.

# ETIQUETAS DEL PENDULO HEBREO 2° GRUPO

1. Alfabeto Hebreo
2. Liberar los defectos
3. Comprensión y sanación de algunas enfermedades
4. Equilibrio de las emociones
5. Geopatías. Feng Shui. Geometría Sagrada

## 1.Alfabeto Hebreo y su valor numérico

El alfabeto hebreo y su significado universal

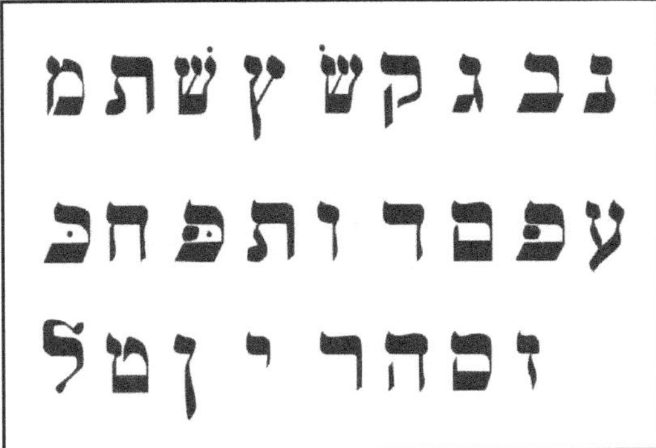

**Alef**

Esta letra afirma e imprime lo divino en el ser humano.
El origen y la unidad de la vida. Cielo / Tierra. Dios / Hombre.
Sagrado / Profano, etcétera

**Beth**

Familia, protección, estar a salvo, cobijo, recibir afecto.

**Guimel**

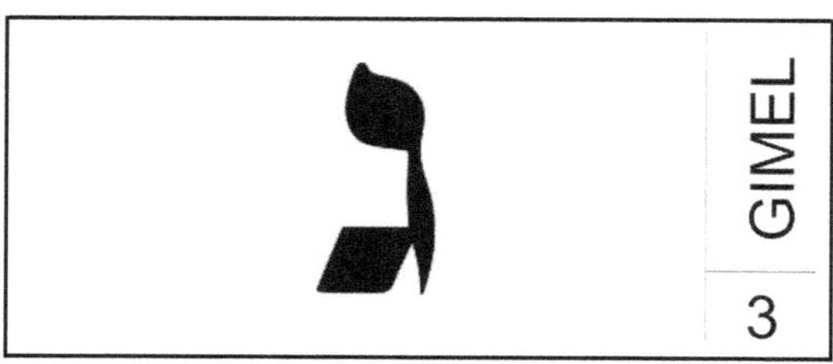



Reconocimiento consciente del libre albedrío.

**Dalet**

Reconocimiento de nuestro origen divino. Apertura a la iluminación. Humildad al reconocer el origen divino en todos los demás.

**Hey**

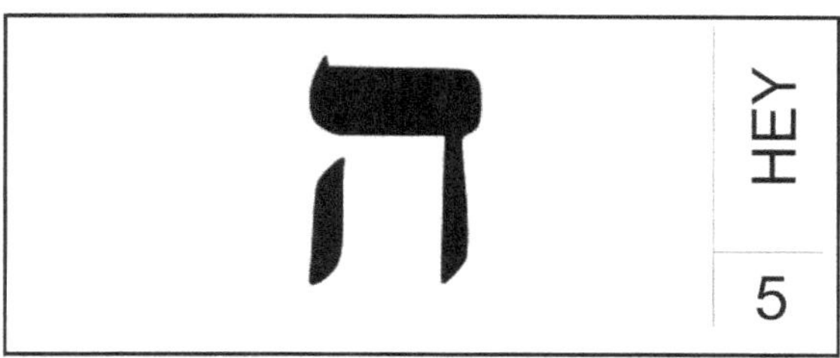


Palabra creadora que lleva a la acción. Fuerza impulsadora para realizarnos con nuestra creatividad y conquistar lo que necesitamos.

**Vav**

Darse cuenta que lo interno y lo externo son el poder de nuestra realidad creadora.

**Zayin**

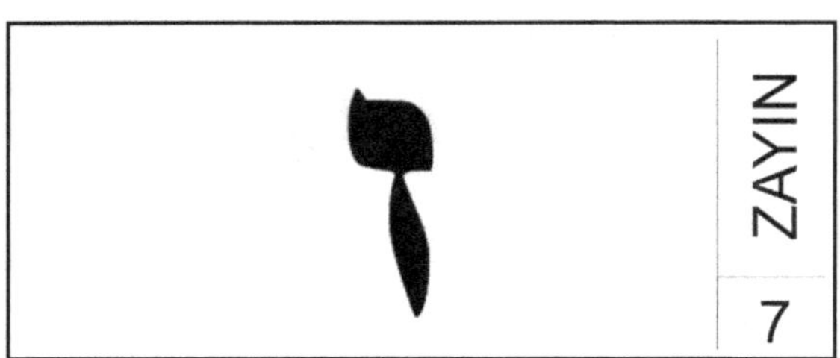


Su forma es la de una daga. Simboliza la expresión activa en el mundo externo.

**Jet**

Reconocimiento de Dios en el hombre. Expresión libre de nuestra divinidad y de seguir nutriéndonos con este reconocimiento.

**Tet**

La búsqueda de Dios por parte del hombre.

**Yod**

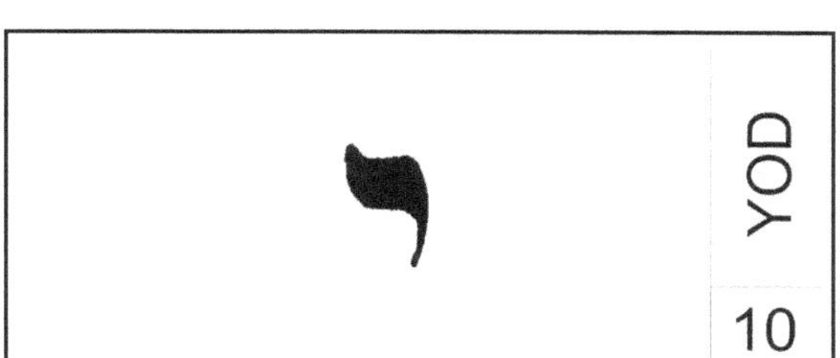


Lo infinito y su ilimitado poder dentro de cada ser que se expresa en lo externo. Bendición divina.

**Caf**

Cada uno tiene potencial creativo que puede expresar. Reconocer la propia fuerza en todos los planos.

**Lamed**

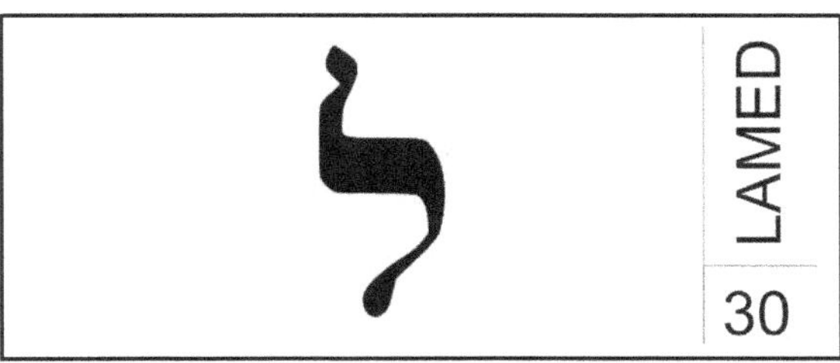


El aprendizaje y la experiencia llevan a la sabiduría. Corazón lleno de luz y bondad.

**Mem**

Agua, contiene las emociones y los conocimientos que vienen de la profunda sabiduría primordial de la vida. También expresa la misericordia.

**Nun**

El "pez" que se sumerge en la materia. El poder de ascender.

**Samej**

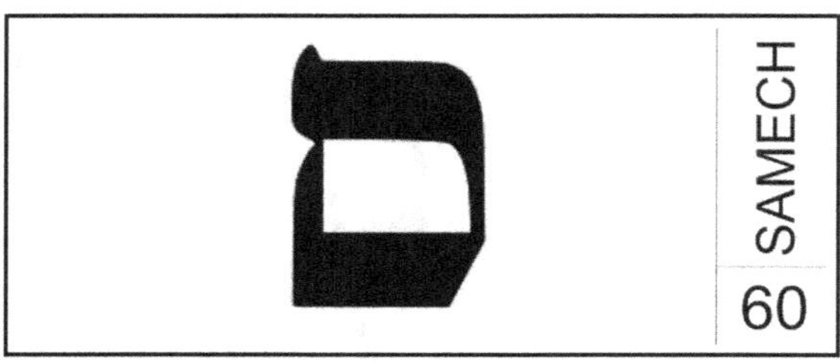


El punto de la realidad creadora que manifiesta la Luz. Crea el círculo infinito.

**Ain**

La providencia divina. La oración y su escucha divina.

**Pei**

Universo hablado a través de las bocas que comunican. La comunicación como la unidad y comprensión ante la humanidad.

**Tzadik**

Expresión de la sabiduría con amor. El alma que expresa con la mente, el corazón y la acción. La fe en uno mismo.

**Kof**

Redención como santidad. Dar la mano al caído.

**Reich**

Trascender espiritualmente todos los motivos egoístas. Depuración.

**Shin**

Potencia a cualquier otra letra. Tiene el poder del triple fuego. Cambio, renovación, fuego primordial que representa.

**Tav**

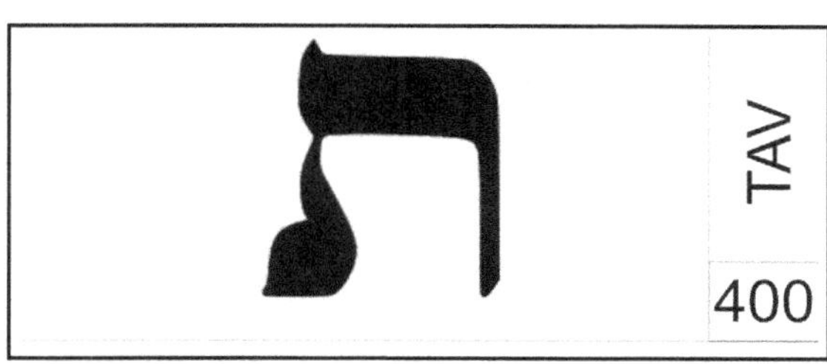


Esta letra termina el alfabeto hebreo y muestra la experiencia de la realización espiritual.

## 2. Liberar los defectos

- Miedos
- Ira
- Dureza de corazón
- Preocupación
- Culpa
- Obsesiones
- Ansiedad
- Orgullo
- Resentimiento
- Tristeza

**Miedos**

Liberar los miedos; esta emoción envuelve el planeta tierra. Todos los poderes existentes sean religiosos, politícos, económicos, jurídicos, de orden público u otros, infunden miedo con sus acciones, reglas, dogmas y actitudes. La tarjeta *miedos* se pasa especialmente en los chacras 3 y 5. Y si el péndulo lleva a otros chacras seguimos al péndulo y observamos su trabajo de liberación.

**Ira**

Liberar la ira. Sobretodo está almacenada en el higado y en la vesícula billar. Nos muestra toda la impotencia de no haber podido expresarla en nuestra infancia. La falta de comprensión de los mayores hacia el infante. Y también repetir las actitudes de los padres, abuelos, educadores, etc. La influencia de lo externo en nuestra vida.

**Dureza de corazón**

Liberar la dureza de corazón, procedente de situaciones donde hubo mucho castigo y trato injusto en la infancia, también procedente de traiciones y abandonos no expresados y guardados durante mucho tiempo.

**Preocupación**

Liberar la preocupación. Cuando damos vueltas a lo mismo creamos un circulo vicioso de repetición y entramos en una preocupación constante por los hijos, bienestar, relaciones, etc. Ver claro este círculo vicioso y trabajar los chacras 2 y 3 con esta etiqueta, nos ayudara liberarnos de las preocupaciones asumiendo sólo las responsabilidades que conciernen a uno mismo.

## Culpa

Liberar la culpa. Uno se siente culpable por no haber expresado la verdad a tiempo. Desde la infancia uno carga con la sensación de no haber sido querido y deseado. Esto crea también el temor de ser abandonado y un autorrecriminarse constantemente. Una vez lo abordamos con el trabajo interior y con la irradiación de la tarjeta culpa, se empieza a sentir mucha liberación del peso cargado durante mucho tiempo.

## Obsesiones

Liberar las obsesiones. Las preocupaciones no liberadas crean obsesiones. Las obsesiones crean entumecimiento mental y actitudes emocionales que no se pueden controlar. Su centro de operación es el sexto chacra (tercer ojo). Se empieza a trabajar con la etiqueta de *sanar obsesiones*, pasando por otros chacras donde el péndulo también seguira trabajando.

## Ansiedad

Liberar la ansiedad. Es la mezcla de preocupación, culpa y miedo que crea una gran intranquilidad. Si no se trata a tiempo se vuelve constante y es cuando uno pierde el control de si mismo. La ansiedad se empodera creando agitación del corazón y desasosiego. Se irradia la tarjeta *sanar ansiedad* desde el centro cardiaco hacia otros centros energéticos del cuerpo.

## Orgullo

Liberar el orgullo, este estado emocional es la coraza que se pone la persona como resultado de un resentimiento desde muy temprana edad. Son personas muy especiales a las que no se les dio la oportunidad de ser reconocidos y amados. La actitud de orgullo aleja a los demás por la coraza que se ponen los "orgullosos" para defenderse inconscientemente de unas vivencias afectivas traumáticas guardadas.

## Resentimiento

Liberar el resentimiento, esta emoción es otra herida guardada inconscientemente. La persona resentida siempre está en guardia para defenderse. Una vez se está liberando su carácter cambia y se vuelven pacientes y amables de corazón.

## Tristeza

Liberar la tristeza, esta emoción se crea con la pérdida, separaciones u abandono por parte de los seres cercanos. Su centro neurálgico es el plexo solar, donde se empieza a irradiar la tarjeta Tristeza.

Darse cuenta de lo que le pasa a uno y de que manera se alimenta de estas emociones puede ser el comienzo de la verdadera sanación y liberación.

# 3. Compresión y sanación de algunas enfermedades

- Sobrepeso / Adelgazar
- Dolores de cabeza
- Glándula timo
- Páncreas
- Virus

## Sobrepeso / Adelgazar

El sobrepeso indica la relación que tenemos con la alimentación. Los alimentos pertenecen al elemento tierra y ésta representa a la madre y especialmente a los primeros años de la infancia y los cambios hormonales. Si tenemos esto en cuenta conviene reflexionar sobre lo que pasó con la imagen materna y la relación que tuvimos con ella. La tarjeta *adelgazar* ayudará a hacer su trabajo energético mientras uno repasa su infancia, relación con la madre y lo que uno carga de ella inconscientemente. También es bueno tener en cuenta en algunos casos, genética, alteraciones hormonales, accidentes y otras causas.

## Dolores de cabeza

Los dolores de cabeza tienen diferentes causas y se muestran en diferentes partes de la cabeza, cuello y hombros. El dolor puede tener diferentes síntomas con variaciones de tiempo e intensidad.

Desde el punto de vista de los cinco elementos, la cabeza pertenece al elemento fuego y lo que lo alimenta es el elemento madera, el hígado y la vesícula billar. Ira, cólera y rabia son sus emociones; y si éstas fueron reprimidas, pueden ser el motivo del dolor de cabeza.

## Glándula timo

La glándula timo influye sobre el sistema inmunológico y éste sobre las defensas del cuerpo. La fuerza interior y el valor incondicional son los mayores creadores de nuestras defensas.

Trabajando con la tarjeta *sanar glándula timo* reforzamos esta fuerza tan valiosa e imprescindible para el buen funcionamiento de nuestro cuerpo.

## Páncreas

Al páncreas le corresponde la emoción de la preocupación, al no ver la parte dulce de la propia vida.  Por otra parte, la insulina es una hormona que desbloquea las células del cuerpo, permitiendo que entre la glucosa y llene de energía la vida diaria de la persona. Un trabajo importante para las personas con alteración del páncreas es el trabajo personal para gestionar sus emociones frente a las derrotas. La tarjeta irradiada sobre el pancreas y el corazón ayuda a recuperar el equilibrio deseado.

## Virus

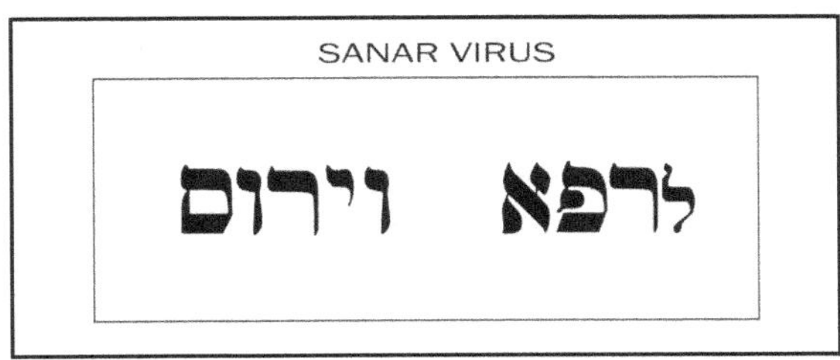

El virus es un agente externo infeccioso, pequeño y simple. Se reproduce a si mismo y es difícil destruirlo. El cuerpo crea la sustancia interferón para luchar contra el virus. Anímicamente es importante tener gran autoestima, buen humor y fuerza de voluntad. Hacer ejercicio y estar ocupado con pasión en lo que nos guste más, son fuerzas que protegen y ayudan.

## 4. Equilibrar las emociones

- Amor incondicional
- Bienestar
- Sensibilidad
- Decisión
- Voluntad

Toda enfermedad es solamente un síntoma de algo que mora mucho más profundamente en la memoria del ser humano, de toda su existencia y con todas las experiencias vividas.

Abordaremos con estas tarjetas lo imprescindible para recuperar salud, fuerza y una vida feliz. El enfoque necesario para cambiar y transformar nuestra vida es tener claro lo que queremos lograr. Esto es lo que representan estas cinco tarjetas. Irradiandolas facilitaremos el proceso de transformación conjuntamente con la consciencia del proceso.

## Amor incondicional

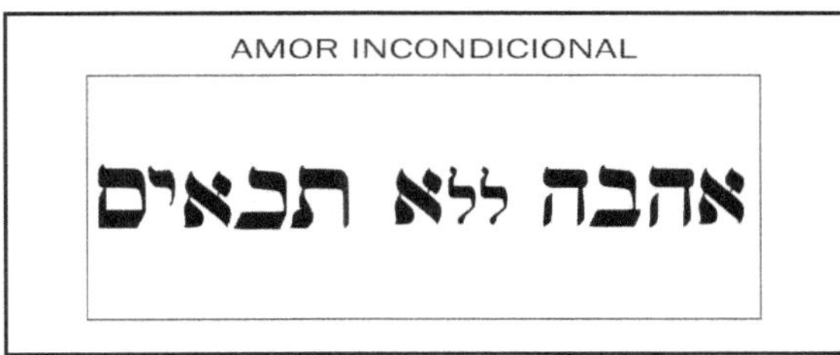


El amor incondicional es el segundo aspecto primordial del ser humano después del valor incondicional. "Amate a ti mismo como a los demás". Y este es el problema del ser humano, no se ama, no se acepta, no reconoce quien Es. En cuanto empieza a reconocerse como un ser amado incondicionalmente por algo más grande, sublime e invisible como lo es nuestro origen espiritual, podemos observarnos de otra manera, mirarnos en el espejo y ver la belleza del Ser que mora en cada uno y traspasa la personalidad. Aquí empieza el amor incondicional.

## Bienestar

Bienestar, como la palabra indica es estar bien. Estemos donde estemos podemos estar bien, observemos qué pasa a nuestro alrededor y si es de nuestro agrado podemos participar en la dinámica del entorno. Y cuando no lo es, podemos limitarnos a ser observadores sin juicio. Es importante reconocer que con nuestra actitud creamos bienestar a pesar de que el entorno no pueda vibrar de la misma manera. Bienestar depende de uno mismo y su relación con su cuerpo, emociones, mente y espíritu.

**Sensibilidad**

Sensibilidad, es tener la facilidad de sentir, percibir y compartir tanto lo visible como lo invisible. La sensibilidad está unida a la creatividad, sanación y expresión. Ser sensible versus sensiblero. Nos conectamos con diferentes dimensiones de realidades que amplían las posibilidades perceptivas para el propio provecho y para el provecho de los demás.

## Decisión

Decisión, es la capacidad de tener valor para elegir una solución sin miedo a equivocarse. Cada momento es ùnico y diferente. Nuestras decisiones, acertadas o no, son experiencias para vivir y aprender de ellas. El miedo a tomar las decisiones es ser victimas del ego, que no permite tomar decisiones por miedo a equivocarse.

## Voluntad

Voluntad, es la fuerza poderosa con la que se logran los propósitos. Esta fuerza está unida al elemento agua y con éste en equilibrio tenemos herencia genética, enfoque, logros, caminar adelante, etc. Es importante tener voluntad y poder seguir la vida con fuerza hacía un futuro exitoso, ser ejemplo para los demás, hacer cosas grandes y buenas por sí mismo y

por el bien de todos. La voluntad está estrechamente unida al valor incondicional, tan poco reconocido entre los seres humanos.


## 5. Geometría Sagrada

La geometría es una rama de matemáticas. Estudia la formación de espacios a través de puntos, rectas, polígonos, curvas, superficies, ángulos, caras, etc. Todas las culturas desde la antiguedad han creado lugares de culto, catedrales, palacios, mezquitas, pagodas...usando el conocimiento de la llamada geometría sagrada. Las personas que transmiten estos conocimientos se les llama los iniciados que recuerdan la sabiduria universal expresada en y con la materia. El alfabeto hebreo posee una información y valor numérico que aporta fuerza adicional a la geometria sagrada. Estos son unos ejemplos para ser practicados en nuestra vida diaria.

**SCAP**

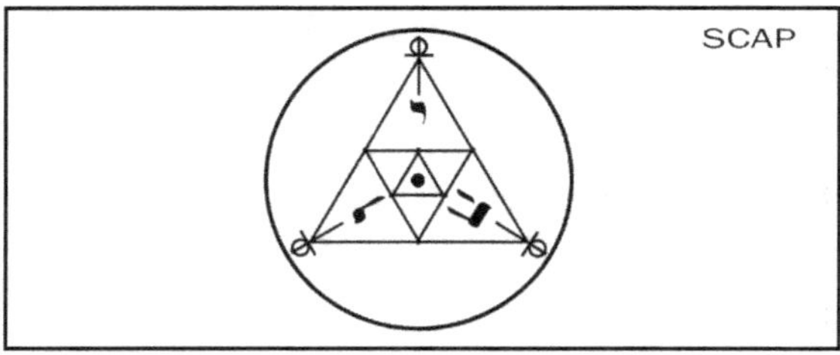


SCAP , es un excelente limpiador, protector y equilibrador de las energías tanto telúricas como cósmicas. Su forma se coloca en los puntos geopatógenos, encima y debajo de los aparatos eléctricos y electrónicos. Debajo de la cama, silla, mesa, camilla, etc. En su centro se puede poner los remedios, medicamentos, comida, bebida. También trabajando a distancia se puede poner el nombre o foto de la persona que lo pide, en el centro de Scap por un tiempo determinado con el péndulo. Sirve también como tarjeta de irradiación para limpiar las radiaciones del espacio y del cuerpo.

## ROMBO CRISTICO

ROMBO CRISTICO, la forma de rombo y la vibración de las letras hebreas Shin, Yod, Hey y Vav, componen una energía sanadora de amplio espectro. Se puede usar directamente y a distancia con la foto de la persona que lo pide en su centro. Es la energía espiritual que se derrama sobre lo material. Se puede fotocopiar y plastificar para ponerlo en centros energéticos o en zonas enfermas. Se puede irradiar con el péndulo como las demás tarjetas para sanar y para proteger de las energías agresivas y dañinas.

## CUADRO MAGICO

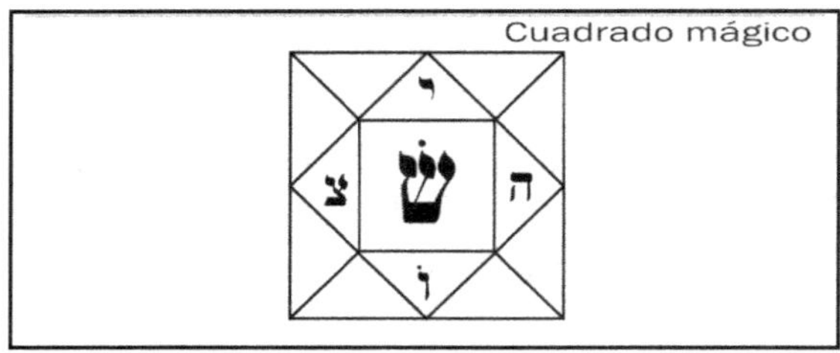

CUADRO MAGICO, esta figura se compone de dos cuadrados y doce triángulos con letras hebreas de gran poder. Es el poderoso equilibrador y estabilizador de personas, espacios y situaciones. En estos tiempos tan revueltos y agresivos, la presencia de esta forma geométrica puede ser punto de partida para crear energía de paz y tranquilidad para: persona, familia, humanidad, trabajo, nación y madre tierra.

## YAHUE

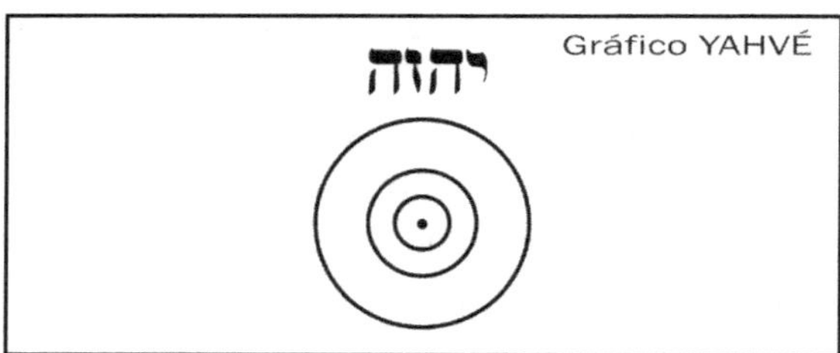

YAHUE, su forma es el punto y los tres círculos circundantes que lo rodean. Su importancia está en su poder protector y especialmente a las personas que son víctimas de magia ritual o también a los que están expuestos a los ataques psíquicos. Para los casos en que las personas por su hipersensibilidad son víctimas de ambientes de conflicto, agresión y tensiones continuos. Colocar la foto en el centro de la forma Yahue temporal o permanentemente. Irradiar con el péndulo las veces que haga falta, hasta que el péndulo deje de trabajar.

# LIBROS DE LA AUTORA

Todo es uno mismo.  *Ediciones NESTINAR*

También Yo Soy la estrella.  *Ediciones NESTINAR*

Manual práctico de Chacras.  *Ediciones NESTINAR*

Manual práctico del Péndulo Hebreo.  *Ediciones NESTINAR*

Manual práctico del Péndulo Universal.  *Ediciones NESTINAR*

Manual práctico de Radiestesia .  *Ediciones NESTINAR*